AF382915

LA STRATÉGIE DE CARRIÈRE

Définir ses objectifs professionnels à long terme

Par Maïlys Charlier

50MINUTES.fr

LA STRATÉGIE DE CARRIÈRE   9

B.A.-BA D'UNE CARRIÈRE BIEN MENÉE   13

Le plan de carrière, quelle utilité ?

Établir son plan de carrière

Agir pour faire avancer sa carrière

TOP CONSEILS   37

FAQ   41

Qu'est-ce qu'un plan de carrière ?

Concrètement, comment puis-je le réaliser ?

Quand dois-je établir ou revoir mon plan de carrière ?

Quels outils me permettront d'atteindre mes objectifs professionnels ?

Comment puis-je apprendre à mieux me connaître pour réaliser un plan de carrière adapté ?

Comment puis-je développer mon image professionnelle ?

À quoi mon CV peut-il me servir dans ma stratégie de carrière ?

Une stratégie de carrière peut-elle m'aider à réaliser tous mes objectifs ?

À VOUS DE JOUER !   49

Les fiches de compétence

Le test COQ

Le MBTI

POUR ALLER PLUS LOIN   57

LA STRATÉGIE DE CARRIÈRE

- Problématique ? Comment définir son plan de carrière et quels moyens mettre en œuvre pour atteindre ses objectifs ?
- Utilité ? Développer une stratégie de carrière vous permettra de savoir dans quelle direction orienter votre vie professionnelle afin de concrétiser vos projets.
- Contexte professionnel ? Recherche d'emploi, réorientation professionnelle, promotion, gestion des compétences, gestion de carrière.
- FAQ ?
  - Qu'est-ce qu'un plan de carrière ?
  - Concrètement, comment puis-je le réaliser ?
  - Quand dois-je définir ou revoir mon plan de carrière ?
  - Quels outils me permettront d'atteindre mes objectifs professionnels ?
  - Comment puis-je apprendre à mieux me connaître pour réaliser un plan de carrière adapté ?

- Comment développer mon image professionnelle ?
- À quoi mon CV me servira-t-il dans ma stratégie de carrière ?
- Une stratégie de carrière peut-elle m'aider à réaliser tous mes objectifs ?

« Où vous voyez-vous dans cinq ans ? » : qui n'a jamais eu à répondre à cela, que ce soit lors d'un recrutement, d'un entretien annuel ou simplement au cours d'un dîner entre amis ? Si nous répliquons bien souvent sans trop réfléchir, cette question, surtout lorsqu'elle concerne le travail, n'est pourtant pas anodine, car notre bien-être dépend en partie de notre réussite professionnelle.

D'autant que dégoter un emploi adapté à ses compétences, déterminer quel métier l'on est capable d'exercer, évoluer au sein de son entreprise ou se lancer dans la réussite d'une carrière professionnelle n'est pas simple. Tout cela demande réflexion et préparation. De plus, la conjoncture économique actuelle laisse peu de place à l'erreur : les CDI sont rares et les postes à pourvoir peu nombreux par rapport à la marée de demandeurs.

Quel métier vous correspond ? Comment identifier vos compétences ? Quel est votre objectif professionnel et comment l'atteindre ? Autant de questions qu'il est utile de se poser, que l'on soit content de sa situation actuelle tout en désirant évoluer rapidement, que l'on se trouve à l'arrêt dans sa vie professionnelle ou que l'on souhaite donner une autre direction à sa carrière. Dans tous les cas de figure, il existe des stratégies à mettre en place pour atteindre son but. Votre réussite professionnelle dépend finalement de votre gestion de carrière. En 50 minutes, ce livret vous guidera à travers les différentes étapes à suivre pour développer votre stratégie de carrière.

B.A.-BA D'UNE CARRIÈRE BIEN MENÉE

LE PLAN DE CARRIÈRE, QUELLE UTILITÉ ?

Vous ne vous sentez pas épanoui dans votre travail actuel ? Vous éprouvez l'impression de ne pas être reconnu à votre juste valeur ? Vous possédez des compétences que vous n'exploitez pas au bureau ? Vous ne parvenez pas à trouver un poste digne de votre savoir-faire ?

Aujourd'hui, il n'est pas rare de désirer changer de poste, soit parce que l'emploi présent ne correspond pas ou plus à nos envies, soit parce qu'il ne nous permet pas d'évoluer au sein de l'entreprise. D'autres raisons peuvent également jouer un rôle : une ambiance pesante, la pression de la situation économique actuelle, des contrats à court terme, un salaire peu attrayant ou encore, motivation plus fréquente chez les jeunes travailleurs, l'envie d'accumuler les expériences.

Dès lors, il est peut-être temps de faire le point sur votre carrière et de revoir votre stratégie pour atteindre vos objectifs professionnels. Pour cela, le plan de carrière peut vous aider. En effet, en examinant votre personnalité et en dressant le bilan de vos compétences, de vos envies et de vos besoins, vous serez plus à même de choisir dans quelle direction (ré)orienter votre vie professionnelle.

« Après avoir été chauffeuse de camion pendant plusieurs années, j'ai été forcée d'abandonner le métier à cause d'une mauvaise chute. J'ai alors entamé une formation en logistique au Forem pour apprendre à devenir agent de planning. J'ai ensuite trouvé un emploi en logistique béton en 2007 et, en parallèle, j'ai appris le métier de chocolatier, pour lequel j'entretiens une véritable passion. Dans un premier temps, j'avais l'intention de l'exercer à titre d'indépendant avant de me lancer à temps plein dès que la chocolaterie rencontrerait un vrai succès. En 2011, j'ai été finalement licenciée de la firme de béton. J'ai donc décidé de transformer ma passion en métier à temps plein plus tôt que prévu et d'ouvrir ma chocolaterie artisanale. Quatre ans plus tard, j'ai dû déménager la chocolaterie dans une boutique quatre fois plus grande, comme quoi tout est possible ! » (Rita, artisane chocolatière de La Chocolaterie du Haut Clocher)

Conseil

Ne perdez pas de vue qu'un changement de carrière (reconversion, prise de fonction dans un poste à responsabilités, etc.) peut entraîner des répercussions sur votre vie privée. Si vous aviez des horaires de bureau classique et que vous optez pour un emploi dans lequel vous devez être flexible, s'ensuivra une réorganisation de votre vie privée. Même constat avec le salaire : vous pourriez gagner moins qu'avant. Autant de facteurs dont il vous faut tenir compte lorsque vous élaborez votre plan de carrière. Pensez à regarder à quelle commission paritaire (pour la Belgique) ou à quelle convention collective (pour la France) appartient le job dont vous rêvez pour obtenir des informations supplémentaires.

ÉTABLIR SON PLAN DE CARRIÈRE

La stratégie de carrière permet de vous emmener d'un point A à un point B en mettant en place des moyens concrets. Dès lors, posez-vous les trois questions essentielles :

- Où en suis-je dans ma carrière ?
- Où veux-je aller ?
- Comment faire pour y parvenir ?

Il existe cependant des chemins bien différents. Pour le professeur et chercheur en ressources humaines Jean-Marie Peretti (Français, né en 1946) par exemple, professeur et chercheur en ressources humaines, le plan de carrière se construit à partir du questionnaire suivant :

- Quelles sont les fonctions par lesquelles je suis passé ?
- Comment équilibrer ma vie professionnelle et ma vie privée ?
- Qu'est-ce que je privilégie ? (entreprise, poste, ambiance, lieu, conditions de travail, etc.)
- Quelles sont mes forces pour obtenir un poste ? Quelles sont mes faiblesses ?
- Comment m'organiser pour atteindre mon but ?

Les divers auteurs de l'ouvrage *GRH. Une approche internationale*, eux, définissent cinq étapes à franchir afin de déterminer son plan de carrière :

- analyser son passé professionnel ;
- analyser ses ambitions, ses motivations et ses potentialités ;
- définir ses choix professionnels et d'orientation ;
- déterminer les moyens à notre disposition ;
- mettre en place une stratégie et un plan d'action pour évoluer et ainsi parvenir à ses objectifs.

Identifier ses compétences

Il s'agit de la première étape pour définir un plan de carrière. L'objectif est de se connaître réellement dans son univers professionnel et de pointer nos valeurs, ses acquis et son savoir-faire, c'est-à-dire tout ce que l'on a pu apprendre pendant ses études, ses stages ou ses précédents emplois. Que vous soyez étudiant ou salarié, passez en revue l'année écoulée et notez toutes vos réussites en les détaillant autant que possible. En couchant le tout sur papier, vous prendrez du recul et analyserez plus facilement votre profil professionnel. Ces quelques règles vous aideront à identifier vos compétences :

- notez votre expérience de manière précise en précisant l'intitulé de la fonction et le descriptif des tâches ;
- utilisez des verbes d'action pour énumérer vos qualités (mettre en place, construire, préparer, diriger, etc.) ;
- ne négligez rien, même si un élément ou une connaissance ne vous semble pas pertinent.

Cela vous permettra non seulement de mieux cibler l'emploi vous correspondant, d'optimiser votre CV, d'augmenter ainsi vos chances d'attirer l'attention d'un employeur, mais également, d'un point de vue plus personnel, d'identifier les qualités qui vous manquent pour atteindre vos objectifs de carrière.

PETIT PLUS

Vous pouvez également réaliser un bilan de compétences au sein d'un service d'orientation professionnelle. Un regard extérieur, plus objectif et donc plus réaliste peut se révéler utile, surtout si vous manquez de

confiance en vous et que vous avez ten-
dance à vous dévaloriser.

Les ancres de carrière

Selon Edgar Schein (né en 1928), professeur au MIT Sloan School of Management (Massachusetts, États-Unis), nos orientations professionnelles sont déterminées en fonction de plusieurs « ancres de carrière », ces valeurs personnelles sur lesquelles nous nous appuyons au moment de faire des choix professionnels. Elles regroupent les compétences, les motivations, les principes et les attitudes qui donnent une direction et une stabilité à notre carrière et forment un fil direc-teur. Identifiez vos ancres (il est évidemment possible d'en cumuler plusieurs) en vous aidant du schéma de Schein ; il vous sera ensuite plus facile d'élaborer une stratégie de carrière et de cibler un emploi qui vous convienne.

Les huits ancres de Schein

Définir ses objectifs

Afin de déterminer ce vers quoi vous aspirez dans votre avenir professionnel, listez vos rêves, vos motivations professionnelles, les métiers qui vous tentent et les entreprises qui vous intéressent. Ensuite, rassemblez ces données et cherchez quels postes précis correspondraient le plus à vos compétences et à vos valeurs personnelles.

Pour définir des objectifs réalisables, posez-vous des questions bien ciblées : quelles compétences les employeurs recherchent-ils pour la profession que je vise ? Quelles sont les tendances économiques du secteur qui m'intéresse ? Quelles entreprises auraient besoin de mes compétences ? À quel poste me vois-je dans dix ans ? Comment voudrais-je que ma carrière évolue ?

La méthode S.M.A.R.T. permet de définir facilement et efficacement ses objectifs à court comme à long terme.

La méthode S.M.A.R.T

Spécifique	Un objectif doit être le plus précis possible. Ainsi, au lieu de « je veux être meilleur en informatique », l'objectif à atteindre sera « je voudrais pouvoir créer un site internet, gérer un blog, élaborer un programme, etc. ».
Mesurable	Il faut pouvoir être conscient de son avancée : « Avant la fin du mois, je dois avoir réalisé mon site internet ».
Accessible	Si l'on place la barre trop haut, on aura des difficultés à atteindre son objectif. Fixez-vous des paliers et franchissez les étapes les unes après les autres, vous augmenterez vos chances de réussite et conserverez votre motivation.

Réaliste	Ne mélangez pas vos rêves et la réalité. Incarner le prochain Bill Gates s'avérera sûrement compliqué, cependant vous pourriez devenir un spécialiste reconnu en informatique en développant vos compétences en la matière.
Temporel	Sans deadline, la motivation diminuera et il vous sera impossible de déterminer si l'objectif est atteint ou non.

PETIT PLUS

Explorez les secteurs en croissance, là où prochainement, de nouveaux métiers peuvent éclore ou de nouvelles fonctions se développer. Vous aurez plus de chance de réussir dans ces domaines-là que dans les secteurs où le nombre de demandes dépasse largement celui des offres.

L'apprentissage continu

Dans son article *Advice for the Underemployed Class of 2014*, Thomas Kochan (né en 1947), un autre professeur de la MIT Sloan School of Management, a développé une série de stratégies pour optimiser sa carrière.

- Tout d'abord, il conseille de ne pas négliger les compétences dans lesquelles nous excellons et d'être « agressif et créatif dans l'expression de ses talents ». Si votre emploi actuel ne vous permet pas de les exploiter, entretenez-les par un autre moyen : si vous êtes doué pour l'écriture, rédigez pour vous durant vos heures libres ; si vous êtes passionné de graphisme, proposez vos services à des amis qui en auraient besoin.
- Le deuxième point soulevé par Thomas Kochan concerne notre attitude dans notre travail actuel. Selon lui, il est nécessaire de faire preuve d'initiative et de se surpasser au quotidien. Aussi, ne vous limitez pas aux tâches corres-

pondant à votre emploi, mais proposez vos services pour d'autres travaux, même si ces derniers dépassent les fonctions de base de votre poste.

- Enfin, le professeur suggère de continuer à s'enrichir de nouvelles compétences et à développer celles déjà acquises. Il estime qu'au vu de la conjoncture économique actuelle, les emplois ne sont plus aussi stables qu'auparavant et qu'il est donc préférable de s'assurer un avenir et de se préparer aux mauvaises surprises en continuant à se former. Thomas Kochan propose même de s'intéresser aux professions à la mode et d'« identifier l'évolution technologique de votre profession » afin de ne pas se laisser dépasser dans son propre domaine.

Vos compétences professionnelles sont l'une des clés de réussite de votre carrière. Sans elles, vous ne valez rien aux yeux de vos (potentiels) employeurs. Aussi, veillez à les cultiver tout au long de votre vie professionnelle en fonction de vos objectifs. Par exemple, si vous aspirez à devenir manager, apprendre à gérer les conflits ou à développer son leadership vous sera d'une grande utilité. Plusieurs formations, coachings et stages peuvent vous aider à réorienter votre carrière ou à atteindre vos objectifs professionnels. Les formations MOOC (Massive Online Open Course) sont idéales, car elles constituent des formations continues à distance. Elles sont disponibles pour tous les domaines : du marketing à la comptabilité en passant par le droit. Mais d'autres formations sont également possibles de chez soi au travers de l'e-learning.

La méthode SPGC

La méthode SPGC (Stratégie Proactive de Gestion de Carrière) peut également vous aider. Mise en place par Patrick Daymand, titulaire d'une maîtrise en sciences économiques, cette stratégie propose un ensemble d'outils et de méthodes opérationnelles dont le but est de transformer ses compétences en création de valeurs et de permettre à l'individu d'atteindre plus facilement et plus efficacement ses objectifs professionnels. La méthode SPGC consiste à proposer un projet déjà bien pensé à une entreprise qui a les moyens de le concrétiser. En d'autres mots, si vous rêvez de travailler pour telle entreprise, cherchez quel pourrait être votre apport et montez un projet afin de convaincre les employeurs que vous êtes indispensables à leur établissement. Obtenez des informations supplémentaires sur cette méthode en visitant son <u>site</u>.

Le networking ou réseautage

Se constituer un carnet d'adresses solide et efficace est essentiel à toute réussite profession-nelle. En effet, avoir un réseau étendu et de qua-lité vous permet de vous adresser aux personnes adéquates pour faire avancer votre carrière ou votre projet. Dans ce but, ciblez les spécialistes de votre secteur et faites-vous connaître de ces derniers. Participez à des événements de networking liés au domaine qui vous intéresse (workshops, salons, séminaires, congrès) ; vous pourriez rencontrer des personnes bénéfiques pour votre futur. Renseignez-vous au préalable sur les participants et sur les invités, cela fa-vorisera les échanges. Quelques astuces vous aideront à développer un networking efficace :

- demandez-vous avec quelles personnes il serait intéressant de vous connecter. Ensuite, ne laissez pas les rencontres se faire au hasard, mais établissez un plan d'action ;

- préparez une phrase de présentation afin de lancer la conversation avec n'importe qui ;
- faites en sorte de pouvoir vous « vendre » en peu de temps ;
- restez toujours positif, confiant et souriant ;
- laissez vos interlocuteurs parler, montrez-leur de l'intérêt, soyez à leur écoute et posez-leur des questions ;
- ne consacrez pas tout votre temps à la même personne. Écourtez le dialogue au besoin, remerciez-la et demandez-lui sa carte de visite pour pouvoir continuer l'échange plus tard ;
- gardez le contact avec les personnes que vous avez rencontrées en les remerciant par e-mail, en prenant de leur nouvelle ou en leur demandant des informations sur un sujet précis ;
- ne négligez pas les réseaux sociaux, sur lesquels vous pouvez annoncer que vous participez à tel événement, puis poster des photos, des tweets et des statuts à ce propos. N'oubliez pas non plus de réagir aux publications des autres.

« J'utilise énormément le networking afin de développer mon activité, c'est un bon moyen de promouvoir mes chocolats et de rencontrer de nouveaux clients potentiels. Je participe tous les ans à l'événement de la CCI (Chambre de Commerce et d'Industrie) et je me rends régulièrement aux activités du réseau FAR (Femmes Actives en Réseau), FCE (Femmes Chefs d'Entreprises) et Diane (réseau des femmes entrepreneures de l'UCM). » (suite du témoignage de Rita)

Les réseaux sociaux

À l'ère de l'hyperconnectivité, les réseaux sociaux jouent un rôle primordial dans l'évolution de nos carrières. Si vous n'avez pas encore ouvert de comptes LinkedIn, Twitter et Facebook (entre autres), c'est le moment de rectifier le tir. Que vous vous lanciez dans un nouveau projet ou que vous changiez de carrière, ces réseaux sociaux se révéleront des aides précieuses.

- **LinkedIn.** Il s'agit du premier à prendre en compte de par son utilité fondamentale dans le monde du travail, puisqu'il s'attache spécifiquement à créer des réseaux professionnels.

Inscrivez-vous aux groupes spécialisés dans le secteur que vous convoitez et participez aux discussions actives à propos de sujets concernant votre domaine d'expertise. Par ailleurs, tenez votre profil à jour : actualisez vos expériences et vos compétences, car les futurs employeurs visitent régulièrement ce réseau social. Il peut également vous permettre de vous renseigner sur d'éventuels clients ou de potentiels collaborateurs.

- **Viadeo.** Ce réseau social est très similaire à LinkedIn puisqu'il est surtout utilisé dans un but professionnel et peut vous aider, comme son concurrent, à développer votre *personal branding*, votre marque personnelle. En effet, il regorge de clients potentiels et permet de se greffer à des discussions entre professionnels sur un sujet bien précis.

- **Twitter.** S'il a également son rôle à jouer, il convient de tweeter intelligemment et de ne pas inonder ce réseau d'informations légères et inutiles au risque de paraître désinvolte et de se décrédibiliser. Sélectionnez vos thèmes de prédilection, tweetez une ou deux fois par jour maximum et utilisez vos hashtags de façon pertinente. De plus, de nombreuses offres d'emploi sont disponibles via Twitter, alors n'hésitez pas à les consulter. Enfin, lorsque vous vous rendez à un événement professionnel, publiez à ce sujet et suivez les spécialistes invités.

- **Facebook.** S'il est plus récréatif, ce réseau social possède également ses utilités en matière de gestion de carrière. Non seulement des offres d'emploi y circulent quotidiennement, mais il existe également toute une série de groupes ou de pages professionnelles qui pourraient vous être utiles. Pour communiquer efficacement via Facebook, commencez par créer une page officielle et partagez-la avec un maximum d'internautes via votre page personnelle et vos supports de communication (site internet, signature mail, etc.). Parlez-en à votre entourage, à vos amis et à vos collaborateurs. Actualisez régulièrement votre page en publiant des photos, des vidéos, communiquez avec vos abonnés et demandez leur avis. Pour ne pas vous perdre et garder suffisamment de matière, tenez un calendrier de publications. Pour récolter davantage de « J'aime », liez votre compte Google+, le réseau social de Google, à votre page Facebook : le référencement du célèbre moteur de recherche vous aidera à gagner quelques fans.

À ÉVITER

Attention à ne pas trop vous dévoiler sur les réseaux sociaux. Si ceux-ci peuvent se révéler bénéfiques, ils possèdent également leurs travers. Inutile d'y raconter votre vie privée en détail : vous risqueriez de perdre le contrôle de votre image. Évitez aussi les photos compromettantes, les avis politiques ou les propos tendancieux. Sachez que les publications trop commerciales ne rencontrent pas le succès escompté auprès des utilisateurs de Facebook. Préférez-leur une approche plus originale, teintée d'humour : les internautes s'en souviendront plus facilement.

La maîtrise de ces réseaux sociaux peut booster une carrière, notamment en aidant à :

- élargir son public et fidéliser ses clients ;
- augmenter le trafic de votre site internet (le nombre de vues, de personnes naviguant dessus) ;
- améliorer sa visibilité et donc gagner en notoriété ;

- créer une vraie communauté autour d'un projet ;
- avoir un meilleur référencement sur les moteurs de recherche.

Les réseaux sociaux ne suffisent pas. Ne virtualisez donc pas tout et ne négligez pas les relations réelles, car le face à face reste primordial, d'autant plus dans le domaine professionnel. Ainsi, gardez toujours des cartes de visite sur vous pour les distribuer en cas de rencontre. Attention, engagez d'abord la conversation de façon anodine pour que votre démarche ne soit pas perçue comme trop agressive.

Le *personal branding*

Pour mener une carrière productive, il est nécessaire de construire sa marque personnelle et de l'entretenir tout au long de sa vie professionnelle. Si vous voulez rencontrer le succès, vous devez vous démarquer et donc valoriser votre image : c'est ce que propose le *personal branding*.

Ce concept, évoqué pour la première fois en 1997 par Tom Peters (spécialiste du management et auteur américain, né en 1942), consiste à transformer sa propre personne en un véritable objet marketing. Pour cela vous devez déterminer votre identité visuelle en mettant en avant votre différence.

Une fois cette étape réalisée, à vous de promouvoir votre marque personnelle sur votre CV, sur votre site internet, sur votre page Twitter/Facebook/etc., sur votre blog ou encore sur votre carte de visite. Tenir un blog est vivement conseillé, car vous pourrez y développer et valoriser pleinement votre image. Mais une marque personnelle se construit également dans la vie réelle, à travers les rencontres. Veillez donc à tenir le même discours avec tous les gens rencontrés dans les conférences, les formations ou autres et à glisser quelques cartes de visite çà et là.

TOP CONSEILS

- **Posez-vous les bonnes questions.** Qui êtes-vous ? Dans quel secteur souhaitez-vous évoluer ? Quelles sont vos forces et vos faiblesses ? Quelles opportunités avez-vous ? Quelles sont vos peurs ? Comment voyez-vous l'avenir ? Quelles sont les missions et les tâches de votre poste actuel ? Quels sont vos objectifs à court et à long terme ? Comment les atteindre ? Quelles sont vos priorités ? Comment équilibrer votre vie professionnelle et votre vie privée ? Quel est votre poste idéal ? Avez-vous les compétences requises pour ce dernier ? Bien se connaître est essentiel pour éviter les erreurs d'orientation.
- **Réalisez votre plan de carrière dès que possible.** Cela vous aidera à y voir plus clair dans votre évolution professionnelle et à prendre les décisions adéquates au moment opportun. Vous pouvez bien sûr le réadapter si vos objectifs varient.
- **Accumulez les expériences.** Vous développerez ainsi de nouvelles qualifications. Pour

ce faire, plusieurs options s'offrent à vous : changer de poste régulièrement (tous les deux à quatre ans) au sein de la même entreprise, s'impliquer dans des missions peu habituelles ou encore accepter un emploi dans une société différente (au niveau du domaine, des clients, de la taille, etc.).

- **Réalisez un portfolio**. Si certains métiers ou domaines spécifiques comme le mannequinat ou la photo exigent de posséder un tel outil, il peut être applicable à d'autres secteurs. Compilez vos documents professionnels afin de prendre du recul sur vos compétences et de garder sous la main un exemple de votre savoir-faire.

- **Informez-vous continuellement.** Peu importe comment et où (presse, réseaux sociaux, etc.), mais se renseigner quotidiennement sur son métier et sur son secteur est primordial pour rester au fait des dernières innovations et ne pas se laisser distancer.

- **Cherchez une formation qui vous conviendrait.** Il existe plusieurs formations qui vous aideront à développer un plan de carrière propre à vos besoins. D'autres encore vous permettront de développer des compétences utiles pour la suite de votre carrière. N'oubliez pas de mettre en avant ces apprentissages dans votre CV.

- **Ne négligez pas les stages.** Même s'il n'est pas agréable ni toujours possible de travailler gratuitement, un stage vous apportera un savoir-faire et une expérience utile pour la suite de votre carrière. De plus, il peut vous offrir de belles opportunités, voire même déboucher sur un poste permanent. Enfin, vous pourrez inscrire quelques contacts précieux dans votre carnet d'adresses.
- **Cultivez toutes vos expériences.** Qu'il s'agisse de contrats courts ou d'emplois temporaires, chaque expérience vous apporte des compétences qu'il est bon de promouvoir sur votre CV, dans votre lettre de motivation, sur votre site internet ou même à l'oral, lors d'un entretien. De même, un savoir-faire acquis dans votre vie privée peut être un atout, il suffit juste de trouver la bonne formulation pour le mentionner.
- **Évitez de sauter d'un emploi à l'autre.** Si vous n'arrêtez pas de quitter un job pour un autre, vous ne prendrez pas le temps d'acquérir de nouvelles compétences.

FAQ

QU'EST-CE QU'UN PLAN DE CARRIÈRE ?

Un plan de carrière est un plan stratégique à long terme, qui consiste à anticiper votre évolution professionnelle. Il vous permettra de réorienter votre carrière ou, tout simplement, de la démarrer grâce à la mise en place d'outils en vue d'atteindre vos objectifs professionnels. Il vous faudra d'abord analyser votre identité professionnelle (compétences, parcours, objectifs, etc.) avant de définir la stratégie de carrière qui vous convient.

CONCRÈTEMENT, COMMENT PUIS-JE LE RÉALISER ?

Une stratégie de carrière doit se construire méthodiquement afin d'éviter de foncer dans le mur dès le début. Dès lors, exécutez les étapes reprises dans le schéma ci-dessous :

Les étapes pour élaborer sa stratégie de carrière

S'imposer des deadlines.

Créer sa marque personnelle
à travers différents outils.

Mettre en place
un networking adapté.

Établir un plan de carrière en lien
avec ses compétences, ses objectifs
et son projet professionnel.

Réaliser le bilan de ses compétences
et de ses objectifs pour cibler son
projet professionnel.

Identifier sa personnalité.
(Quelles sont vos motivations, vos
valeurs, vos qualités et vos objectifs ?)

Identifier son passé professionnel.
(Quelles sont mes compétences,
mes expériences et mes réussites ?)

QUAND DOIS-JE ÉTABLIR OU REVOIR MON PLAN DE CARRIÈRE ?

- Lorsque vos études sont terminées et qu'il est temps de chercher un emploi, commencer par établir un plan de carrière – qui fera certainement l'objet de nombreuses modifications au cours du temps – constitue une bonne stratégie. Vous éviterez ainsi de perdre trop de temps et d'énergie à postuler pour des fonctions qui ne vous conviennent pas.
- Si vous êtes à un poste qui ne vous correspond plus depuis un certain temps, que vous n'êtes pas épanoui ou que vous sentez qu'il vous manque quelque chose, il est temps de revoir votre plan de carrière et de changer de cap.

QUELS OUTILS ME PERMETTRONT D'ATTEINDRE MES OBJECTIFS PROFESSIONNELS ?

Le networking ou le réseautage est une manière de se créer des contacts et un réseau autour de son domaine professionnel. Pour développer votre réseau de connaissances, participez à des événements liés à votre métier (workshops, salons, congrès, etc.), rencontrez les personnes clés, distribuez des cartes de visite, cherchez l'échange avec des collaborateurs potentiels (fournisseurs, commerciaux, clients, sponsors, etc.), et soyez actif sur les réseaux sociaux. Ceux-ci peuvent vous aider à trouver un emploi ou à consolider votre carrière, notamment, LinkedIn et Viadeo, qui sont des réseaux sociaux plus axés sur l'aspect professionnel. C'est grâce à eux que vous pourrez vous créer une image de marque. En postant des contenus de qualité, vous augmentez vos chances de bénéficier d'un effet viral et donc de toucher un maximum de personnes pour gagner en réputation.

CLIN D'ŒIL EMPLOYEUR

Le networking est également utile pour les employeurs. Lorsque ceux-ci ont besoin d'embaucher du personnel, ils vont d'abord chercher dans leur réseau de contacts professionnels ou personnels, privilégiant alors la relation de confiance qu'ils ont construite avec ces personnes. Cette pratique est courante tant dans les grandes que les petites entreprises.

COMMENT PUIS-JE APPRENDRE À MIEUX ME CONNAÎTRE POUR RÉALISER UN PLAN DE CARRIÈRE ADAPTÉ ?

Certains questionnaires tels que le test COQ et le MBTI peuvent vous y aider. Le premier est utile dans le cadre d'une recherche d'emploi, pour savoir si votre méthode est idéale et est efficace. Le second se centre davantage sur vous et vous aidera à déterminer votre profil professionnel, vos traits principaux de personnalités, vos forces et vos faiblesses. Retrouvez-les dans <u>À vous de jouer</u> et testez-vous !

COMMENT PUIS-JE DÉVELOPPER MON IMAGE PROFESSIONNELLE ?

Pour bien développer et confirmer son image de marque, la première chose à faire est d'apprendre à bien se connaître, en identifiant toutes ses compétences et en définissant ses objectifs. Une fois cela fait, il vous sera plus facile de vous créer une identité visuelle qui vous corresponde et vous démarquera de vos concurrents. Ensuite, à vous de la véhiculer par tous les outils à votre disposition : réseaux sociaux, networking, carte de visite, blog, site internet, lors de conférences, formations ou autre. Ce qui doit primer avant tout pour une image de marque efficace, c'est l'authenticité. Vos interlocuteurs auront davantage confiance en vous si vous ne vous présentez pas comme la personne parfaite.

À QUOI MON CV PEUT-IL ME SERVIR DANS MA STRATÉGIE DE CARRIÈRE ?

Votre CV est un outil à ne pas négliger : il est votre passeport professionnel et atteste de vos expériences et de vos compétences. En perpétuelle évolution, vous devez constamment le mettre à jour et l'adapter au poste visé. Pour posséder le CV idéal de l'emploi convoité, mettez-vous à la place de votre futur employeur et demandez-vous quelles sont les compétences et les qualités recherchées. Mettez en avant celles qui se rapprochent le plus du poste voulu. Cependant, si votre nouvelle carrière est très différente de vos expériences précédentes, mentionnez-le au début de votre CV et expliquez ce qui vous pousse à changer de carrière. Essayez de le distinguer pour attirer l'attention de votre futur employeur, tout en respectant les normes standards (vos coordonnées, vos diplômes, votre expérience, vos compétences) et en restant le plus succinct possible. Ne négligez aucune formation ou expérience professionnelle, car chacune correspond à un panel de qualités et de compétences, essentielles pour le futur employeur.

UNE STRATÉGIE DE CARRIÈRE PEUT-ELLE M'AIDER À RÉALISER TOUS MES OBJECTIFS ?

Une bonne stratégie de carrière vous aidera à vous rapprocher de vos objectifs et vous permettra d'utiliser les bons outils pour les atteindre. Ensuite, il ne tient qu'à vous de travailler à leur réalisation !

À VOUS DE JOUER !

LES FICHES DE COMPÉTENCE

Afin de cibler plus facilement vos compétences et de savoir comment orienter la suite de votre carrière, rédigez des fiches pour chaque expérience (stage, formation, job étudiant) et chaque emploi exercé. Si vous êtes resté longtemps au même endroit, mais que vous avez occupé différents postes, créez une fiche pour chacun. Notez-y ce que vous avez appris (connaissances, compétences techniques ou autres) et vos responsabilités. Utilisez ce système de fiches pour vos activités personnelles (sport, loisir) et ajoutez-y les qualités nécessaires à ces occupations. Cet exercice vous permettra de répondre à plusieurs questions : mon savoir-faire est utile dans quel métier ? Pour quelle fonction ? Quel type d'entreprise pourrait avoir besoin de moi ? À quel poste excellerais-je ?

LE TEST COQ

Le test COQ consiste en trois questions simples :

- **Comment ?** Quelles techniques utilisez-vous dans votre recherche d'emploi ? Quel comportement adoptez-vous lors d'un entretien d'embauche ? Quels outils mettez-vous en place pour atteindre vos objectifs ?
- **Où ?** Quels métiers envisagez-vous pour votre carrière ? Classez-les par fonction et par secteur.
- **Quoi ?** Il s'agit d'identifier votre savoir-faire, vos domaines d'intérêt et votre personnalité.

Ce test, que vous pouvez également passer gratuitement sur Internet, vous aidera à vérifier votre maîtrise des démarches pour trouver un poste (Comment), la clarté de votre cible (Où) et votre aptitude à dresser un bilan de votre situation (Quoi).

LE MBTI

Le MBTI (*Myers-Briggs Type Indicator*) est un outil d'évaluation psychologique déterminant votre profil, vos points forts, vos faiblesses et les types de métiers ou les secteurs qui pourraient vous correspondre. Il se présente sous forme de questions concernant votre manière d'être, votre façon d'agir dans votre vie privée ou dans votre travail. À vous de choisir la proposition qui vous correspond le mieux. Vous pouvez la tempérer à l'aide des six cases : soit vous vous rapprochez plus de l'une, soit vous penchez plutôt de l'autre côté. Des dérivés de ce test sont facilement accessibles gratuitement via Internet, mais le seul fiable reste celui édité par le site OPP. Le tableau suivant vous donne quelques exemples de propositions, mais pour obtenir votre type psychologique, reportez-vous aux sites proposant le test.

Je préfère être au calme et réfléchir tout seul.	0					Je préfère être actif et intéragir avec les gens.
Je préfère réfléchir à un nouveau sujet seul, puis faire part de ma réflexion aux autres.						Je préfère discuter et débattre d'un nouveau sujet en groupe.
J'écoute l'avis des autres pour prendre mes décisions.						Je prends mes décisions sans consulter l'avis des autres.
J'aime rencontrer de nouvelles personnes.						J'aime être seul ou avec une personne que je connais bien.
Je me livre peu sur ma pensée ou mes sentiments.						J'évoque facilement ma pensée ou mes sentiments.

Je parle plus que je n'écoute.						J'écoute plus que je ne parle.
Je préfère les sujets concrets ou réels.						Je préfère les sujets abstraits ou théoriques.
Je préfère m'intéresser au présent et à ce qui arrive.						Je préfère m'intéresser au futur et à ce qui pourrait arriver.
Je m'appuie sur des éléments vérifiables pour prendre mes décisions.						Je m'appuie sur mes convictions et sur mes sentiments pour prendre mes décisions.
Je me considère comme une personne sensible.						Je me considère comme une personne réfléchie.

Quand se pose un problème, je me demande surtout si c'est bien vrai.			- 54 -			Quand se pose un problème, je me demande surtout si c'est bien important.
Je m'adapte au changement et j'aime garder toutes les options ouvertes.						Je préfère la constance et savoir ce qui peut se passer à l'avance.

Votre avis nous intéresse !
Laissez un commentaire sur le site de votre
librairie en ligne et partagez vos coups de cœur sur
les réseaux sociaux !

POUR ALLER PLUS LOIN

SOURCES BIBLIOGRAPHIQUES

- ALIS (David), BESSEYRE DES HORTS (Charles-Henri), CHEVALIER (Françoise), FABI (Bruno), PERETTI (Jean-Marie), *GRH. Une approche internationale*, 3e édition, Louvain-la-Neuve, De Boeck, 2011.

- « Ancres de carrière », in *Equipaje*, consulté le 1er novembre 2015. http://www.equipaje.fr/fr/books/guide-de-lemploi-letranger/ancres-de-carriere

- ANPE, « Comment identifier ses savoir-faire et ses qualités », in *Métiers du commerce*, 2006, consulté le 18 octobre 2015.
http://www.metiersducommerce.fr/pdf/comment_identifier_ses_savoir-faire_et_qualites.pdf

- « Bien réseauter : comment faire ? », in *1819*, juillet 2015, consulté le 18 octobre 2015.
http://www.1819.be/fr/content/bien-reseauter-comment-faire

- « Changement de carrière : comment donner une nouvelle orientation à votre carrière ? », in *Stepstone*, consulté le 17 octobre 2015. http://www.stepstone.be/Conseils-de-Carriere/Trucs-astuces/changement-de-carriere-comment-donner-une-nouvelle-orientation-a-votre-carriere.cfm

- « Définir ses objectifs professionnels ou comment s'auto-évaluer en prenant du recul sur sa vie professionnelle », in *Cadresonline*, consulté le 18 octobre 2015. http://www.cadresonline.com/conseils/coaching/cv-lettres-entretiens/preparer-entretien-dem-bauche/detail/article/definir-ses-objectifs-profes-sionnels-ou-comment-sauto-evaluer-en-prenant-du-recul-sur-sa-vie-prof.html

- « Gestion de carrière selon Darwin, "Mooc" et for-mation continue de chez soi », in *Mon incroyable job,* juin 2015, consulté le 17 octobre 2015. http://www.monincroyablejob.com/gestion-carriere-selon-darwin-mooc-formation-continue-chez-soi/

- GUÉRIN (Olivier), « Valoriser son image tout au long de sa carrière, la stratégie gagnante », *in Journal du Net*, juillet 2012, consulté le 17 octobre 2015. http://www.journaldunet.com/management/expert/51994/valoriser-son-image-tout-au-long-de-sa-carriere--la-strategie-gagnante.shtml

- KOCHAN (Thomas A.), « Advice for the Underemployed Class of 2014 », in *Fortune,*

mai 2014, consulté le 17 octobre 2015.
http://fortune.com/tag/thomas-a-kochan/

- « Le bilan stratégie de carrière », in Talents-
carrière, consulté le 17 octobre 2015.
http://www.talents-carriere.fr/prestations/
bilan-strat%C3%A9gie-de-carriere/

- LONGOUR (Michèle), « Premier emploi : bien définir
son objectif professionnel », in *Réussir ma vie*,
consulté le 18 octobre 2015.
http://www.reussirmavie.net/Premier-emploi-
bien-definir-son-objectif-professionnel_a1131.html

- PRÉAUX (Céline), « Le networking pour les nuls :
10 astuces », in *Références*, août 2014, consulté le
18 octobre 2015.
http://www.references.be/
carriere/evoluer/networking/
Le-networking-pour-les-nuls-10-astuces

- « Prêt à changer de carrière ? Faites le point en 4
étapes », in *Jobat*, consulté le 18 octobre 2015.
http://www.jobat.be/fr/articles/pret-a-changer-
de-carriere-faites-le-point-en-4-etapes/

- QADEER (Susan), « Comment trouver un emploi ?
Quelques stratégies de carrière à l'intention des
nouveaux arrivants », in *Etablissement,* mai 2012,
consulté le 17 octobre 2015. http://etablissement.
org/ontario/emploi/trouver-un-emploi/
recherche-d-emploi/comment-trouver-un-emploi-
quelques-strategies-de-carriere-a-l-intention-des-
nouveaux-arrivants/

- « Réussir sa reconversion professionnelle », in *Reconversion professionnelle*, consulté le 18 octobre 2015.
  http://www.reconversionprofessionnelle.org/

- « Utiliser les réseaux sociaux pour communiquer et prospecter sur le web », in *APCE*, août 2014, consulté le 18 octobre 2015.
  https://www.apce.com/pid12268/les-reseaux-sociaux.html?espace=3

SOURCES COMPLÉMENTAIRES

- HOFFMAN (Reid) et CASNOCHA (Ben), *Managez votre carrière comme une start-up*, Paris, Leduc.s Éditions, 2012.

- FLÉRON (Benjamin), *Comment développer sa marque personnelle ? L'essentiel du personal branding*, Bruxelles, Lemaitre Publishing, 2015.

- FLÉRON (Benjamin), *Comment utiliser le MBTI ? Les 16 types de personnalité pour savoir qui vous êtes*, Bruxelles, Lemaitre Publishing, 2015.

- FRANCIS (Renée), Comment changer de carrière ? La reconversion en toute sérénité, Bruxelles, Lemaitre Publishing, 2015.

- ROSSIGNOL (Rosa), *Gérer efficacement un départ*, Paris, Dunod, 2012.

ISBN ebook : 978-2-8062-6524-1
ISBN papier : 978-2-8062-6525-8
Dépôt légal : D/2015/12603/247
Photo de couverture : © Coloures-Pic – Fotolia.com

Conception numérique : Primento,
le partenaire numérique des éditeurs